Buscando la luz

poemas al alba, con alma

© —Frank Spoiler —Texto — 2015
—Todos los derechos reservados—
—Francisco Javier Sánchez Mira—

Dedicatoria

Dedicado a mis dos grandes amores y
mis dos mayores orgullos
mis dos hijos: Élida Ángela
Y Óliver Alejandro Sánchez Oyarce
Los dos seres a los que más amo en este mundo.
Ellos son mi fuerza y por ellos lucho y vivo.

Sería muy desagradecido si no diera las gracias
a todas las mujeres que, con su amor, hicieron posible
inspirarme para escribir todas estas poesías.
¡Muchas gracias a todas ellas!

I

Vertí en mis sueños las vanas esperanzas de una ilusión efímera, como acuífero, fui vertiendo mi caudal hasta agotarme, después... volví a cerrar los ojos y a dormirme, deseando nunca jamás despertarme.

En vano mantuve mis ojos apretados, con rabia, mis manos, en forma de tenazas apretadas. Reflejo inútil, por más que apretaba mis parpados, el sueño no llegaba. Lloré... como el diluvio que vivió una vez Noe, sin animales, sin Dios, sin la fe.

Hoy ni siquiera me sale una sonrisa, una mueca o tal vez, un rictus de fe. Mis uñas, gastadas de tanto querer arañar un poco de felicidad, se muestran sucias, negras, agrietadas, sin color y sin sangre que recorra sus venas.

Manantial que de alegría fluía de mis ansias por comerme el mundo... hoy es tan solo un caudal seco, agreste, agrietado y muerto.

II

Tengo raíces en los pies de estar tanto tiempo varado en esta orilla del río, no se cuando mi barco partió... solo sé que me quedé solo y perdido.

Maldita mis ansias de fe, aquellas que me llevé conmigo, y que tristemente olvidé, que no flotaban... y en el agua se han hundido.

Vivo angustiado mirando al horizonte, apenas sin tener ningún sentido, pues no soy de atender a razones y estoy siempre roncando y dormido.

Sé que me aqueja el mismo mal de la abeja, recojo mi miel y la guardo... queriendo tener contenta a esa que todos dicen ser la abeja reina.

III

Anoche, mirando a las estrellas,
volví a recordar lo que te amé,
ingrato fue mi corazón fingiendo una sonrisa
para luego rompérseme en cien mil pedazos,

al recordar que tú ya no estabas conmigo.
Que desapareciste para siempre...
dejándome a mí en el olvido,
pesaroso, quebradizo y perdido.

Anoche, mirando a las estrellas...
sentí de nuevo la brisa de tu aliento,
al besarme tus labios, los míos.

Y morí de dolor y angustia,
sabiendo que te había perdido
y que ni en mil de mis sueños...
volverías a sentir lo que alguna vez habías sentido.

Sí, anoche volví a mirar a las estrellas,
y volví a revivir lo mucho que te he querido,
pese a saber que tu recuerdo...
me dejó roto, desasosegado, cansado y vencido.

IV

Te busqué, te busqué desesperadamente,
entre manzanos y perales,
entre encinares y olivos milenarios;
hasta en el follaje amarillo de los pastizales.

Miré cada sendero de hormigas,
que caminaban solícitas llevando su comida,
en madrigueras de conejos
y hasta observé los guiños que me hacían las estrellas.

Levanté piedras y atravesé ríos,
trepé como un imberbe cualquiera,
árboles orgullosos de ser cipreses
o álamos espigados y frondosos.

Cavé profundamente en tierra roja
o me deshice de las horas...
todo para encontrarte a ti, la dulce...
oh, amorosa e imperturbable... demencia.

V

No me miraste al despedirme,
tampoco al regresar una y otra vez.
Fui para ti solo una imagen hueca,
un punto donde apoyarte, donde emerger.

No, no fue todo culpa tuya ni mía... no lo sé,
tal vez nos engañamos mutuamente sin quererlo,
o silenciamos nuestras bocas sellándolas con hiel.

Me tragué el orgullo y habló el silencio,
mis miedos afloraron y levité,
sin alas, sin derechos, todo te lo condoné.

Ardiente en mis entrañas, la hiel,
hirviendo de desazón y angustia la tragué...
haciendo que burbujeara el daño en mi mente,
germinando la semilla del fracaso en el ayer.

VI

Me puede la ansiedad,
el vacío tan inmenso
que se postula en mis sienes
y me obliga a dejar de soñar.

Ya no percibo las mismas sensaciones,
las emociones se me diluyen
entre las hebras de plata
de esta insuficiencia mental.

Carezco de fuerza para evadirme
o querer batirme en duelo con la adversidad
y pensar en vencer o morir... eso a mí,
¡ya me dará igual!

Me aterroriza tanto vivir...
casi tanto como me dolería morir.
Aunque, ni siquiera sé si alguna vez
he revivido o si estuve alguna vez vivo.

VII

Quise deshacerme del peso, como piedras,
aquellas que llevé durante mucho tiempo
cargadas a la espalda,
sin creerme,
de lo absurdo de esa imagen aletargada,
que fuera penitencia y el internamiento del alma.

Vacíos ilusorios de pensamientos veniales,
opacos sentidos en una frente hirsuta,
carente de lógica y de vanidades.

Lo logré, cayeron al suelo
desprendidas de mi cuerpo a modo de racimos
y cobijé mi llanto escondiéndolo
tras mi seca, ajada y enferma piel.

No obstante, he de reconocer que me perdí...
una isla, apaciguadora de voces huecas,
fue la cuna oscura que holló mi planta
y tal vez en la que un día... también moriré.

VIII

Bajo prietos ululares camino viejo, cansado,
y asisto, descerebrado, a la muerte tempranera
de los ecos de mi alma, fiel compañera, que
peinó de arrugas mi frente y censó, de sueños,
mis mañanas de lluvias.

Fija va en mi interior, los albaceas del notario,
persiguiendo con encono, aquello que me venció,
no sin antes, no señor, cobrarme por anticipado
en vil moneda roja chupándome la sangre.

Me cuesta discernir dónde dejé el orgullo
o cuándo lo perdí... siendo éste dueño digno,
de todo lo que me llevé por presumir de necio,
cuando solo fui un simple albañil, cargado, eso
sí, de letras y de sangre.

Hoy me llevan a cuestas aquellos que me
obviaron, convirtiendo en desatino una leyenda...
la de aquel que amó un sueño en un verso
y fue la prosa no escrita... de un haz luminoso
en la pluma de un loco y variopinto viejo senil.

IX

De qué poco sirve el misterio si al mirar hacia atrás recuperamos su fiel reflejo causando la tristeza de aquel que solo gime y se retuerce entre sabores y aromas de su propia miseria.

¿Cuándo funciona la profundidad del alma? si al final es el suplicio que obtiene el necio cuando, al alba, le da por asomar la nariz por la ventana y se la destroza la persiana enrollable... ¿cuál es entonces su "genialidad"?

Certero puede parecer su dueño empuñando su pluma, mientras que el ratero sobrevive de lo que roba o persigue... perdiendo por los bolsillos rotos lo que obtiene por el camino.

Bastión de inconformes murales donde aisló una vez su humanidad; vistiéndola de cordura cuando lo que realmente quería vender era su apestosa e inconfundible locura.

X

No me dejes caer en el abismo de la insidia,
ni consientas que me vuelva a desvirtuar la
razón. Soy lobo solitario, lo sé, aunque no lo soy
por convicción. Soy la batalla abierta contra la
desidia, perdida de antemano por la desilusión.

Tu sabes que en verdad me aislé para protegerte,
para no juntar mis nauseas con las de la
desolación, tampoco quise unirla con la tétrica
deformidad del alma, de aquel ser que una vez,
sin pedirlo, le llamaron, Dios.

No me dejes no, caer por entre la agria disputa
de la mente, la que fuera olvido, y que, como
repelente insecto, vivió años alimentándose de
mi podrida y emponzoñada sangre.

Estoy envuelto en velos negros de trapo...
preparado para saltar mi último obstáculo;
el muro inquebrantable de la obcecación,
sayo doloroso e inevitable de aquellos que, como
yo... vuelven habiendo sido vencidos, a caer en
brazos de la muerte.

XI

Quiero amarte a ti, mujer quiero sentirte fuerte
darte alas para emerger estar en ti y quererte.
Acariciarte la piel al besarte la boca con lengua
dulce y loca embadurnada en tu miel.

Tuyo siempre, tu mía hasta que me diluya
y al hacerte agua fluya tu alma junto a la mía.
Ilesa, grande y fuerte como madre y esposa
pródiga e irreverente volviste siendo diosa.

Volviste para amarme junto a mi cielo, loca,
alma que fue a la boca y allí hoy reposa y duerme.
Eres a la que amo mi amada compañera
yo amante fiel, y bramo al cielo que no muera.

Porque te quiero mujer, te pienso noche y día
e insomne escaparía a tu lecho y allí yacer,
contigo hasta la muerte sin mirar a lo oscuro,
sin herirme ni herirte ¡atado a tu futuro!

XII

Estoy pegado al abismo, lugar insomne donde me llev el inconformismo de mi pensamiento.
Dislexia profunda en mi modo de vida, ardiente desasosiego que me nace en el vientre, se me exhala por la boca y se diluye en el aire cuando huye, a modo de soplo, y se escapa irreverente introducido en el alma.

¿A qué luchar, cuando mi mente lo único que me pide hoy es dormirme y no despertar jamás?
¿Para qué perder más el tiempo negándome lo que soy hoy... un despojo consumiendo oxígeno y el tiempo de los demás?

La vida es un avispero, un tronar del viento, un solo deseo... ¿para qué pierdo entonces el tiempo? acaso yo... ¿lo quiero?

XIII

Ayer cuando mis pasos me llevaban caminando hacia el rincón de las sombras, me encontré a un hombre que lloraba. Sus hombros se agitaban al compás y ritmo que sus lágrimas rodaban a raudales por sus mejillas sonrosadas.

Me acerqué, llevado por la compasión y con una sonrisa le pregunté; ¿puedo ayudarle en algo, señor? No contestó ni movió, su cabeza hundida entre los hombros y sus lágrimas como caudal formaban ya en el suelo un manantial.

No quise insistir temiendo molestarle, quedé frente a él mirándole, mis ojos llorosos lamiendo la tarde. No puedo asegurar cuanto tiempo estuve así solo sé que al levantar el señor la cabeza... contemplé emocionado que quien lloraba no era otro que el alma eterna de los mortales.

XIV

La miro en su nube de algodón,
tan ajena al dolor, ajena al mundo,
siempre sonriendo...
su máxima expresión ¡el amor!

Nos observa a través de sus risas,
enseñándonos la felicidad del mundo,
y el cómo se puede ser feliz con tan poco.

Sonrisas, labios y besos, caricias...
amaneceres en su piel tibia y cálida
y abrazados a su encanto y dulzura.

Felicidad, ternura, dulzura y seducción,
son las bases de su incipiente juventud,
del ardor de su carisma, una niña...
siempre alegrándonos los días.

Ella nos lleva al amor
sin despeinarse, sin obcecación,
con la inocencia de una infante...
aunque viva en su interior
¡una autentica mujer!

XV

Ven, amor, y besa mis lágrimas... son las que lloré por ti, las que cayeron desiguales, injustas y con sabor a hiel. Ven, y acaricia mi faz, la que tantas veces besaste con amor y emocionada y que ahora rehúyes aduciendo con desprecio, no sentir pasión.

Ven, y no me llores... porque no lloras por amor, son lágrimas de cocodrilo, lágrimas falsas e infames pues las derramas sin emoción.

Ven, ¿no ves? sigo llorando... y herido. Porque una vez te amé y al despreciar mi cariño me mataste con tu indiferencia /despreciando/ lo que una vez fue tuyo y mío.

XVI

Estoy a oscuras, lejos de una caricia,
encerrado entre una maraña de sensaciones,
una debacle de sentimientos y turbado por la
ansiedad de dejar de padecerlos.

Me debato entre dejar que se adueñe
de mí la equidistancia de mi intelecto
o en romperle el alma a la insidiosa locura
que me obliga, sin demora, a distanciarme de la
cordura.

Me alivio pensando en que falta poco,
muy poco para dejar atrás un pasado nefasto,
un sin vivir lleno de carencias, porque no viví,
un sin andar, porque al no crecer, me estanqué
en vida.

Necesito esa mano, esa tibia sensación
en ella, de una caricia... y de unos labios que al
besar, no solo depositen en mi la cordura,
sino que también sepan insuflarme la vida.

Pido tan poco y a mi vez... ofrezco tanto,
que sin pensar lo ofrezco todo y al hacerlo... di
con ello la vida.

XVII

Me refugié en quererte obviando mi gran fracaso
al querer sentirme amado sin tenerte,
pidiendo al corazón la absolución a mis temores
compensando mi tristeza con la auto-
satisfacción de la carne.

Quise herirme... y perderme en ese limbo,
donde el absolutorio rencor vive reacio en mis
entrañas, clavándome arisco los dientes en la
garganta hasta lograr retener convulsos,
los gritos de dolor y rabia que lanzaba mi alma.

Me estremezco cuando te pienso...
me ausento cuando sin ver, sigo sintiendo,
los dolorosos y sentidos suspiros de emoción
que son obviados, sin apenas apercibirme, y a mi
vez siendo consciente, del gran estigma impreso
a fuego en mi denostada humanidad.

XVIII

Te paseaste ante mi descalza, diste tres vueltas mientras te observaba, mis ojos se mostraban opacos pero mi corazón se aceleraba.

Me sonreíste al besarme la mejilla, y yo me deshice al inhalar tu aliento, apretaste entonces un instante mi mano y yo temblé ávido de emoción y alegría.

Un diminuto biquini rojo, era lo único que tu cuerpo lucía, tras él, tu delgada figura se explayaba y a mi mente en pleno shock la desarmabas.

Tuve, aún en contra de mis deseos, que volver a mis funciones... aunque, no te perdí... de lejos, mis ojos sonreían al verte, mientras tú, con tu mirada, me seducías.

Han pasado los años y los recuerdos, no son ya como los de aquel día... sin embargo, el tic tac de las horas pasadas, me siguen devolviendo al oído, el eco tus suspiros y el de tu risas.

XIX

No me engañas, tu boca sabe ya a otros labios,
tu cuerpo, antes venerado por el mío,
ahora ha sido sacralizado por otro cuerpo
y hasta tu aroma a macho cabrío ha cambiado.

Tus manos, antes fuertes, con callosidades,
de haberlas trabajado en mi cuerpo, ahora solo
son puro fariseos de mentiras y carencias no
escritas y hasta tal vez... mentiras nunca
descritas ni pronunciadas.

No, ya no me engañas, y me cansé de ser la dama
sumisa, aquella señora fiel, madre y también
hija, sumisa a tus besos y a tus caricias.

Me hastié de fingir que te quería, dando mis
labios a otro, a otro que antaño fuiste tú y
ahora... para mí, muerto; te moriste sí, para mis
adentros y para mis entrañas desoladas...

por todo lo que antaño sentí y que ahora,
por fin me doy cuenta y percibo...
que solo eran sueños y muchas más mentiras.

XX

¿Cómo podría recuperar mi vida anterior?
¿Los años... aquellos que se fueron diluyendo en las tinieblas, o las razones que me obligaron a deshacerme de ellos?
¿Y cómo se recupera el abrazo infantil de tus hijos... cuando ya crecieron?

Sus risas infantiles, sus caricias... abrazos o sus besos. Cuando te alejaste de ellos sin pedirles opinión o permiso, o tal vez... aunque justificado, los alejaste de ti, por dolor.

Me duele tanto al pensar en lo que llevo perdido... una herida que no se me cierra, pese a verlos cuando quiero o puedo.

Pero... ¿y el tiempo que perdí, el que se me fue sin pedir? El tic, tac, del reloj; que se me pasa sin cesar... ellos van creciendo, dejan sus juegos... y su cariño infantil, ¿¡Cuándo lo recupero!?

XXI

Me desvisto y te desvistes lentamente...
mientras formamos con los dedos cada uno al
otro dibujos en nuestra piel, nuestras bocas
ardientes se hacen dueñas suspirando y
navegan juntas y agitadas, labio con labio.

Somos la mezcla heterogénea que se adhiere, se
palma, se acaricia, se lame y estimula, y que
hasta se vanaglorian mutuamente de amarse, y
que no dejan de expandirse como hace el mismo
oxigeno en nuestros pulmones.

Siempre ardientes los dos, muy profundos los
gemidos desde muy adentro, en las entrañas...
hasta que llegan juntas nuestras dos almas a
fundirse y luego... dejan a nuestros cuerpos
lanzarse dardos de pasión enajenada.

XXII

Me cansé del dolor de las acciones de la carne
y del ingrato sabor de los no besos de nadie.
Vacíos insondables de un alma que se agotó,
se resquebrajó de sentir... y se fundió de cuanto
amó.

Me hastié de sufrirme, de herirme sin sangre.
de manejar mi histeria y de morir un instante
cada día. De soportar la soledad y ejercer sobre
mi esencia una culpabilidad sórdida y fría que no
me correspondía.

Quiero beber hasta hartarme, hasta sentir que
mis entrañas vibran y se hinchan hasta explotar
y dejar de existir. Me cansé de dolerme y
quejarme, de luchar sin poder... un poder que no
comprendo, de una injusta razón para morir.

Quiero contar aquí mi historia, una verdad
desapasionada y doliente de un fracaso o tal vez,
de un ocaso... !el de mi propia muerte!

XXIII

No dejo de pensar en lo que dice mi instinto,
y en esa oscura razón del intelecto por querer
saberme expresar. Soy fuego y a la vez agua
y no hay fuego que apagar ni río en el que
aprender a nadar.

Es mejor quedarme sin lengua,
sin sangre en las venas o sin destino canta
mañanas que me hiera con su traba-lengua.

Seré yo ¡siempre justo!
caminando en pos de la hiedra
o bajo el puente del acueducto,
intentando ser Dios creando cátedra.

Y me miraré al fin en las dudas del "otro"
y seré el imparcial destino de los justos,
acatando como mortal el dictamen oscuro,
del que fuese desde siglos un inmoral
picapleitos.

XXIV

Aunque nací en primavera no fue sino hasta el otoño que lancé alegremente mis primeros gemidos en una noche cualquiera... en un lecho que tampoco era el mío.

Gemí e hipé hasta hartarme, logrando desinhibirme cuando al vivir lo disfruté en mis carnes, enganchado y atado a mis propias fantasías.

Entre sueños locos y fracasos... las noches las pasaba en vela, huyendo, siendo prisionero de las sombras, esclavo de mis pesadillas y de las mujeres siendo la estela.

Me cubrí del frío de la noche con sus pieles,
de sus cuerpos y aromas sacié mi sed
y de sus risas y alegrías me alimenté...
mientras ellas, abrazadas a mi carne,
se bañaban y retozaban en mis lágrimas
y dormían felizmente envueltas en mis entrañas.

No quiero despertarme de este sueño... quiero abrazarme con pasión a su olvido, atenazarle y asfixiarle de tal manera que, al dormir... parezca que de nuevo ¡he nacido!

XXV

Mi corazón me grita bombeando sangre,
salpicando mis silencios con el ardor de la carne;
instigándome hambriento a sacar mis garras
y a desgarrar mis ansias arañando la tarde.

Evoco ilusiones que encerré en un frasco de
cristal, transportándolas al ilusorio efecto de mi
cerebro, tal vez para engañarme, no lo sé, si
acaso por mí, fuese sincero...El caso es querer y
fantasear o creer que me lo creo.

Isotopos irritantes que me excitan la
imaginación, cayendo en desgracia al mirar mi
reflejo en el cristal y contemplarme.
Rodearme de sus brazos y extasiarme sin más...
esa es la ilusión del corazón y el máximo pecado
de mi carne.

XXVI

Me gusta esconderme en tu sonrisa, penetrar en tu tacto y sentir la caricia de tu piel, cuando la acaricias. Ser tu aliento cuando sientes un beso... pese a que ese beso no haya provenido de mi boca.

Me gusta ser tus latidos, los suspiros de tu pecho y hasta estar en los gemidos que lanzas cuando tu cuerpo goza satisfecho. Quisiera introducirme en tu sangre y navegar como oxígeno por tu pecho hasta hacerme en tu cuerpo indispensable.

Te ansío tanto, amor, que hasta finjo ser tus manos cuando en la penumbra de mi habitación me acaricio y me doy con libertad al placer solitario... Y qué lástima mi amor... que al despertar descubra con desencanto que todo esto no ha sido nada más que un sueño.

XXVII

Ella vive perdidamente enamorada,
y se duele, llora y lamenta de su incomprendido
amor. Pide con pasión el ser correspondida,
mirando al cielo encendida más, no parece ser
oída, pues solo consigue "palpar" muy triste,
la fría espalda de la desilusión o del silencio.

Ilusiones que truncó de una magia sin
esperanza, nunca empezada y constantemente
inacabada, tal vez, hasta mal entendida... de una
ilusa sensación de vacío, percha y sostén de una
nostalgia sin desenlace.

Pasajera de su tiempo, cabizbaja y compasiva,
se sitúa en la esquina de su vida y, piensa;
piensa sobre lo que la apena, la duele y agita,
siempre doliente, siempre viva, aunque también,
perdida.

La vida fue muy injusta y se siente herida,
quizás no herida de muerte... aunque así se
siente. Ella, solo busca creer en el cambio, en la
vida. Aunque siente que sus entrañas la
mienten, que la engañan... y que para ella, tal
vez, la vida o la felicidad... no existan.

XXVIII

Me senté a contemplar la tarde,
silencioso, taciturno y ofuscado,
nada parecía aliviar mi malestar
por los recuerdos del ayer, casi olvidados.

Bramó mi pecho de dolor al recordar,
cuánto y cómo te había amado. Era muy tarde, el
sol se había ya ocultado. Miré al ayer, como se
mira un reflejo y vi como éste se burlaba de mi
rostro convulso y cansado.

Levanté del asiento
mi cuerpo envejecido y exhausto
y lancé un estertor a modo de grito,
¡basta ya de recordar lo que nunca fue escrito!

Calló de pronto mi dolor,
se hizo hueco y dueño mi instinto,
y volví a disfrutar de la noche,
silencioso, taciturno... y vacío.

XXIX

Déjame decirte, desde mis silencios,
cuanto significa para mi
la amistad que me has regalado,
sin pronunciar una sola sílaba;
con una mirada o una caricia de mis labios.

Deja que te abarque desde la cintura
para luego envolverte en un apretado abrazo,
sin intenciones, sin daños o vacíos innecesarios.

Hollaré tu sonrosada mejilla con un beso,
tu cintura apretaré con mis brazos
y tus ojos buscaré con descaro para agradecerte
con ternura cuanto de ti he heredado.

No me hará falta que me digas nada,
me bastará con retener tu imagen en mi pupila
y desear fuertemente que ese instante
se deje acariciar día sí día también
por los latidos desenfrenados de mi memoria.

Déjame, mi amiga, el decírtelo todo... sin
palabras, retrayéndome en la distancia cuando tú
y yo... solo éramos aliento y tiempo
y nos regalábamos mutuamente nuestras almas.

XXX

Llevo tantos años intentando escapar de mí,
años en los cuales me he perdido
y encontrado un millar de veces
para luego querer volver a huir...

Años de amargas e infructuosas aventuras
de comienzos felices que acabaron siendo,
trágicos dramas convertidos por mí,
engañándome, en humorísticas y risueñas
comedias.

Tantos años huyendo, perseguido por una
obsesión, una desvirtuada fantasía de creer que
existe el amor, falacia tras falacia, implícita en
mis genes, heredada quién sabe de qué o de
quienes.

Me siento cansado, desmadejado y roto como un
puzle, desvirtuada está la memoria que me
asiste, que me hiere; tanto si perdí o gané ¿qué
razones me quedan si al final tan solo soy el
esqueje de una planta que nació muerta?

XXXI

Me resguardé del destino para que no me hiciera daño, me escondí como hacen solo los cobardes, huyendo a trompicones por barrancos y cañadas... torpemente me fui alejando hacia la nada.

Cayó de nuevo el otoño con sus hojas amarillas y blancas, y me convertí en el ermitaño de sueños incumplidos y aromas amargos, siempre solo, entre las sombras y abrazado a su soledad nefasta.

Lloré y grité... hasta quedar afónico, pidiendo a gritos la muerte, nada conseguí, estaba solo un grueso y fuerte corazón seguía con su sabor amargo latiendo en mí.

Destino cruel fue el que sin pensarlo se alojó a mi vida como se habitúan las sombras a vivir fundidas con el alma, siempre etérea y en el lodo del dolor y el desencanto.

¿Qué cuál es mi problema? ¿qué cuál es mi queja o pena? tal vez si os lo contara... ya no me pertenecería y usted sería entonces... su única dueña.

XXXII

Nos dimos un beso, un beso cargado de pasión,
ardiente fue el deseo
y en el cuerpo una fuerte quemazón. Nos
envolvimos, cuerpo contra cuerpo,
las pieles encendidas inhalando a bocanadas
nuestro incipiente amor.

Dejamos que fluyeran, nuestros fluidos
corporales tales como la saliva y el sudor... pieles
que chocaban sin aliento en aquella cálida y
aromática habitación.

Deseos inconclusos, de un pasado disfrutado,
Bocas vencidas en besos llenos de pasión
en un elevado trance y estado de excitación.

Seguro fueron sus gemidos,
o tal vez fuese mi inspiración pero,
al recordar cuánto la he amado
solo pienso en cuánto ella, me amó.

XXXIII

Por más que mires al horizonte
y te niegues ver la verdad,
no lo tendrás más presente
ni hallarás tampoco la verdad.

Lo sabes, te buscas inútilmente,
sabes perfectamente cómo fue,
no me engañes sutilmente,
la presa fue ya cazada y la agüé.

Puedes seguir caminando torcida,
de frente o al revés,
no obstante estarás igual de perdida
ciega y con el corazón en el envés.

Distribúyete, anda, camina,
no mires hacia atrás, eres tú y no él,
quien te ha de buscar en su mina,
la del omnipresente corazón de azraél.

XXXIV

La vida, es un estado permanente e inconcluso de sueños, trazos pequeños, alargados, deformes y dibujados con una tiza negra, que se nos diluyó un día, tragado por ese valle sediento y lleno de piedras, mente universal, que un día, tal vez nos habló y que será llamada a ser nuestro destino.

Desde el silencio, acorde este con la razón, viajé a caballo de la mente y el sueño y entre tus brazos y tu pecho, bajando por tu vientre y acoplándome a tu femineidad, dejé ir lo que de hambre y sueños me golpeaba duramente el corazón..

Te quise mirar como se mira un sueño y me perdí en tus ojos cual ave en un horizonte volando sobre la nada. Ardí en deseos de besarte y me estremecí al rozarte, tus labios eran hielo y escarcha fue lo que se depositó en mi piel cuando descubrí la frialdad de tu mirada.

Fueron los años los que me enseñaron a diluir el daño y a cerrar heridas, no obstante, amor, la herida del corazón, ésta, no, nunca se cerró.

Apiádate de mi señor, murmuré mirando al cielo y sin creer en Dios, apiádate y reza por mí, la vida es solo un sueño y yo hace mucho, mucho tiempo que me desperté.

XXXV

Me pediste que jugara, que simulara el amor,
que navegara, por tu cuerpo, sin vela ni timón.
Y así lo hice, enervando tu pasión y enfrentando
a dos islas, una frondosa y prohibida, la otra, de
secano y dolor.

Caminamos algunas fechas de la mano,
acallando duramente nuestro corazón, pecando
de engañarnos mutuamente, odiando la distancia
entre los dos.

Jugamos sí, durante días, hasta que nos llegó, en
apenas un suspiro... el decirnos adiós.
Ahora nos faltan las palabras, el aliento y la
pasión nos desarmó... ambos nos buscaremos en
la noche; ansiosos por amarnos nos abrazaremos
los dos.

XXXVI

Me gusta pensar, pensar que te tengo, que te abrazo y que te observo. Los dos desnudos, los dos cuerpos ansiosos por poseer de ambos nuestros sentidos...

Los dos a solas, amándonos encendidos. Recrear en nuestros cuerpos, la incertidumbre de habernos querido.

Amarnos muy por encima de las horas, los días, meses... y hasta los siglos.
Me gusta tanto gozar contigo, perderme horas tras horas por los lugares de tu cuerpo más secretos y escondidos...

Me gusta sentir cuanto de amor conocimos, a solas, acompañados... ¡perdidos!
Me gusta tanto soñar... creer en cuanto he poseído, cuando tú eras mi sueño y yo solo un desconocido.

XXXVII

Cada vez que presiento que el amor se me acerca
y se me quiere adherir, lloro... gimo como un
niño sin madre.

Sus caricias siempre son amantes, dándome paz
en cada beso, en cada caricia de su cuerpo
vencida sobre mi cuerpo yerto.

Inspiro dos veces entrecortado, me peleo, me
araño, me hiero con insultos soeces,
todo en vano... nada me resulta más claro que mi
muerte.

Me angustio, silenciosamente, quedo, hundido y
dolorido; cómo la misma muerte,
tras el ocaso de su gemido.

Después... advierto su lejanía,
evaporándose en la distancia su imagen,
etérea, vacilante, herida... y pienso un solo
instante; yo la herí, la culpa... fue mía.

XXXVIII

¿Por qué cuesta tanto conseguir una caricia, un beso, una sonrisa? Sueños... que fueron hechos de juveniles ilusiones, hoy secas y marchitas, doradas fueron un día por los rayos del sol sobre una desértica tierra mezquina.

¿Por qué no nos responde el amor cuando lo buscamos y le gritamos sin aliento? Hoy lloro por mis silencios, por la soledad que me ha tocado, por la sonrisa de un niño chico, aquella que se diluyó en mi pasado y por esas otras felices y que ya, para mi desgracias, he olvidado.

Hierático el corazón, siempre mendigando amor, siempre deseándolo para luego acabar perdiéndolo, tal vez en ese abismo hostil y postrero, hábitat natural del ser humano engañoso y rastrero.

La vida se nos va cuesta abajo, inmensa en su soledad, equidistante en sus silencios, poeta vanagloriado, escribidor de sus pecados. Aquí yace el gran hombre, el pedigüeño apocado... el soñador de amores, el enfermo de amores vanos; muriendo en sus silencios, bajo las llagas de sus dedos su corazón y de sus manos.

XXXIX

Te quise sin pensar en el mañana,
tal y como eras, sin cambiar ni una coma,
ni una pestaña te sobraba
ni tampoco te faltaba nada.

No conté las horas, los días,
ni los meses, y los años...
estos se marcharon sin esperar,
dejándome un vacío y un desastroso despertar.

Te viví y disfruté
Mientras me aguantaste... Hoy aquí, sólo y
abrazado a mis recuerdos, te pienso, te recuerdo
y valoro con el alma, todo el amor, ternura y
cariño que a mí me dieras.

Fuiste la soledad encubierta,
la odisea de un amor
con fecha de caducidad
y hasta con código de conformidad.

XL

Respondía a mi dolor una triste sonrisa,
ilumina su color, una dulce premisa,
ella, mi dulce, mi amor,se me apropia insumisa,
del alma como una flor que late loca y lisa;

como tormenta mayor enseñando su risa
con un inmenso pavor contra una nívea brisa.
Ven, mi dulce y bella flor, hazme soñar deprisa.
que soy yo tu loco amor y que tú eres mi musa.

Ven a mí, no es un error, te amo, mi profetisa,
a tu lado en el albor, y abrazado a tu rubor...
Seré yo quien requisa el ancho de tu risa
y el dulzor de tu sabor.

XLI

Quise apoderarme por última vez de mis
recuerdos, y los aislé en mi mente,
los abracé fuertemente como se abraza a un
niño... un hijo, al que se adora y quiere hasta la
muerte.

Luego los dejé marchar... y volaron sin rumbo y
libremente, persiguiendo las nubes obtusas de
un demente entre las sombras, corriendo
desvelado sin perderse.

Lloré, lloré y grité pegando golpes en mi pecho,
mi corazón sangrando por dentro, se me
quebró... como se quiebra el fino cristal cuando
le lanzan una piedra... se me rompió el corazón
y, una vez abierto... también se me escapó el
alma.

XLII

Nos dimos un beso, un beso cargado de pasión,
ardiente fue el deseo
y en el cuerpo una fuerte quemazón.

Nos envolvimos, cuerpo contra cuerpo,
las pieles encendidas inhalando a bocanadas
nuestro incipiente amor.

Dejamos que fluyeran, nuestros fluidos
corporales tales como la saliva y el sudor... pieles
que chocaban sin aliento en aquella cálida y
aromática habitación.

Deseos inconclusos,
de un pasado disfrutado, bocas vencidas en
besos llenos de pasión en un elevado trance y
estado de excitación.

Seguro fueron sus gemidos,
o tal vez fuese mi inspiración pero,
al recordar cuánto la he amado
solo pienso en cuánto ella, me amó.

XLIII

Sentado en esta silla, muy a mi pesar,
pienso y veo, las razones misteriosas
que tiene el corazón para obligarnos
a mentirnos según nacemos y crecemos,
mirando temblorosos hacia un horizonte
vertical.

Reproches sin o con sentido ¿qué más nos da?
somos como ejes desengrasados que chirrían
según van andando, subiendo o bajando sin
más... quizás anhelemos nacer de nuevo y no
crecer jamás.

Notas que discords nos gritan o se entretienen
en sonar, o tal vez son tan solo trémulos
sonidos de las voces al rezar... No lo sé... desde
mi silla zigzagueo, aúllo silencioso o lloro y me
pierdo entre vahos de miseria y soledad.

XLIV

Me gusta pensar, pensar que te tengo,
que te abrazo y que te observo.
Los dos desnudos, los dos cuerpos ansiosos
por poseer de ambos nuestros sentidos...

Los dos a solas, amándonos encendidos.
Recrear en nuestros cuerpos, la incertidumbre
de habernos querido. Amarnos muy por encima
de las horas, los días, meses... y hasta los siglos.

Me gusta tanto gozar contigo, perderme horas
tras horas por los lugares de tu cuerpo más
secretos y escondidos...

Me gusta sentir cuanto de amor conocimos, a
solas, acompañados... ¡perdidos! Me gusta tanto
soñar... creer en cuanto he poseído, cuando tú
eras mi sueño y yo solo un desconocido.

XLV

A golpe de sueños voy caminando
triste y cejijunto, dolido y yerto,
mis pies, pesarosos voy arrastrando.

¡Soy tu ego! me gritaba mi "yo" despierto,
el "yo" dormido reía, fingiendo,
la desesperación y el desencanto.

Muero sí, de arcadas y boquiabierto,
garganta y corazón vapuleando
al llanto infantil que llora gritando
la odisea de nacer en un parto.

Nací de carne que se abrió gozando, gemidos
que se gritan en un cuarto siempre excitado y
dispuesto al infarto con tal de obtener el
orgasmo ansiado.

Vivo por y para el amor soñado cargándolo a mis
espaldas comparto la ignorancia de saber que
estoy muerto, en un limbo continuo y amañado.

XLVI

Si quisieras escucharme...
prestar atención a esta herida,
abierta y sangrante en mi carne,
pasión de siglos pero nunca bastante.

Fue tu sencillez tan demoledora,
tan perfumados y evocadores tus labios,
cuando te amé y a la sazón, besé tu calidez
sin desbaratarme ni despeinarme.

Te abrace tanto y estrujé hasta crujir
tus latidos en mi pecho
que al alcanzar el ardor de tus besos
quemando mis labios, tu boca a mi aliento.

Te deseé hasta morir sin aspaviento,
queriendo renacer en tus entrañas
a modo de melodía, sin llanto ni retorno,
para despegar mis alas y mi ser... sobre tu aliento.

XLVII

Ardo en deseos de entrar en ti,
poseer tu boca entrelazando tus labios
haciéndome amo y señor de tu cuerpo
y arrancándote gemidos ardientes con mis
caricias.

Me quemo y sufro por tus caricias sobre mi
cuerpo, por esos besos húmedos dados a
destiempo... tal vez alguna vez soñados o
imaginados y que hoy pasaron a ser memoria...
sin recuerdos.

Sin tiempo... acusado por la endeble asignatura
de lo vano, miserable o incluso obsceno,
sentimiento de la carne, lascivia pura y dura;
retrayendo a mi osada siempre caprichosa y
holgada poesía.

Vivo para la aquiescencia ilusoria y vacía de
antojos, errante caminar paso a paso sobre los
andares cansinos de mi enojo, indisciplinada y
torpe palabrería de un solitario engendro
carcomido por la solitaria y miserable bigamia de
sus rebeldes e hieráticas letras.

XLVIII

Me disuelvo lentamente por su cuerpo sensual, me diluyo entre sus senos sintiendo su calor como si estuviera dentro de un volcán.

Me sostiene y pervierte y juega golosa y ardiente con mi carne entre sus manos, organizando con mis sentidos un concierto multifuncional.

La arrebato y me arrebata... nos sembramos el uno al otro las semientes orgásmicas, los genes guerrilleros de lo oculto y de lo bello, ensamblados y orquestados en una batalla campal.

Suenan rítmicamente nuestros gemidos, suspirando y gimiendo buscándonos los placeres ocultos y con el ansia loca de hacerlos visibles y oírlos gritar.

Hoy ella fue mujer... y yo el hombre que la hizo gozar, mañana quién sabe si de la simiente, será ella mujer o yo tan solo un hombre loco y embustero retozando lujurioso en su maizal.

XLIX

En el candor de la noche bella,
cuando las estrellas son más luminosas,
se distinguen, fieles y brillantes,
entre ellas, tus ojos, azules y candorosos.

Oh, mi mariposa bella, tan tierna,
linda y delicada como una rosa,
siempre mostrando se bella sonrisa,
su lado más tierno y su pausada belleza.

Enamoras con tu dulzura,
sueltan a tu paso sus trinos los pájaros
y emergen de la tierra orgullosa, a tu paso,
las semillas germinadas de las rosas más hermosas.

Ya desde los cielos, el sol, en la mañana,
muestra sin trazas de pudor que te venera,
y en la noche febril y ruborosa, se esconde la
luna tras seguirte y tras tu paso… envidiosa.

L

Te adoré nada más mirar tus ojos
y cómo me envenenaba la pasión,
labios rojos que siendo mis antojos
se convirtieron en mi fija obsesión.

Entre cristalino llanto y matojos
voy torpe, de rodillas y contrición,
tras quien tanto me amó y de sus enojos
fingiendo siempre y frío su corazón.

Vivimos una vida entre cerrojos,
oscuros designios fueron la razón,
lágrimas silenciosas mis despojos
la fuerza de sus besos, mi perdición.

Aun así soy dueño de sus sonrojos,
de sus sueños, y caricias y abrasión,
ella es mi sumisa de labios rojos,
la sensual locura de mi frustración.

Así hoy lucho por vivir en sus ojos,
en su lágrima húmeda y sus sonrojos,
en sus entrañas, su llanto ¡en su pasión!

LI

Lloran mis ojos, lagrimean de placer y sonrojo, su aliento quema mi piel y siento arder mi cuerpo ante tal magnitud de sensaciones, sabores y aromas al inhalar o beberme cada suspiro suyo o gota caliente y espesa que resbala de su piel.

Estoy quieto, atado de pies y manos... me dejo hacer. ella es la luz que me ilumina y que antecede a la vida de la muerte, por ella, solo por ella... soy capaz de dejarme llevar hasta la cuna invisible de lo nunca nacido, nunca vivo.

En sus brazos largos y amorfos, helados y sombríos, me dejo amar... dejo que se aquiete en mi sangre, se difumine en mis venas... orgásmica mi suerte, ella, puede ser vida a la misma vez que también será si quiere... mi muerte.

LII

Renacer entre caricias, besos y abrazos...
tu historia entrelazada a la mía; mis
sentimientos abrazándote y adorándote... vidas
cruzadas y fundidas la una a la otra, amor...
mucho amor, entre aplausos y vítores del
corazón.

Danza melódica de nuestras dos almas, sonido
alterado por la sangre que nos bombea y que nos
gritan locos los dos desde el interior de nuestro
corazón.

Sonrisas que se ofrecen, besos y alientos sin
medir, historia o retazos de dos vidas que se
unieron y que ahora navegan juntas amándose y
recreándose por lo que ha de venir.

La simiente fresca que ya germina en una tierra
húmeda, cálida e inmejorablemente abonada...
con amor; nacerá y crecerá bien fuerte y él o ella
será lo que dará futuro a nuestro amor.

LIII

Siempre me acaba pasando lo mismo,
por mucho que esquivo y busco evitar,
la pesada y cruel carga de la injuria
me anula, me aturde y me acaba por afectar.

Vueltas y vueltas me doy, insistiéndome,
"no debes involucrarte en la vida virtual,
serénate, mira fijamente al frente y sigue recto,
sin desviarte ni un ápice del camino real".

Inútil insistencia... siempre acabo por torcerme
y me desvío torpemente del camino principal.
lo sé, no escarmiento, me aturden las emociones
y me bloqueo sin más. ¡No pienso! ¿o qué me
ocurre si no?

Me envuelvo en lo absurdo, en lo imposible
y me alejo de la única cosa que de verdad es
real... no hay vida, no la hay más allá de lo
palpable, no es real sino sientes su aliento o no
la puedes tocar.

LIV

Pasa el tiempo y el suplicio de vivir
va pesando en mí como una cruel losa,
mi corazón se queja y cruje como piedra
de un camino desigual y sin asfaltar.
Llora la pena y su desgracia de no saber
hacia qué lugar del pecho se ha de quedar.
Amargamente... golpea las paredes de mis
entrañas con su cantico, repetido e incesante
bom, bom, sin saber si la muerte será su incierto
final.

Miré de un jardín, sus rosas,
pletóricas estaban de luz y de belleza
y al alzar mis ojos sangrantes ante el espejo...
me encontré en las sombras, sólo y desolado
ante un gran muro de rocas... bosque
de emociones y sentimientos desahuciados.

LV

Hay una voz profunda e inquietante que me llama, se me asemeja demasiado al eco rancio de la muerte cuando me aproximo al abismo y allí me paro a mirarme, desafiante, enérgico, con la fuerza que da el saber que no hay vuelta atrás.

La escucho bronca, rígida, con esa rigidez que da el saberse próximo al amanecer de un des apaciguador final... no es lúcida ni brillante, al contrario, es oscura y fría. Manto de una nebulosa lejana y perdida me cubrió y asfixió.

Quise ocultarme a su volumen, a su odioso y voluptuoso ruido, chirriante sonido que me envolvió por entero la condición humana, acallando la conciencia hasta trasladarla de universo y volverla inhumana.

Ustedes entenderán que yo esté loco... huido de mis sentidos más lúcidos, me imbuí de raciocinio, me soslayé de hipocresía, y, viaje hasta este infierno, tan solo para encontrarme con mi padre, azrael, y dedicarle, esta, mi poesía.

LVI

Ella es toda sonrisa, alma candida y calidez en su corazón. Ella es profunda, observadora y lista, es vital y conservadora. ¡Vive a toda prisa! ella ama sin condiciones, se ofrece sin ambages y se entrega sumisa.

Ella es tierna, dulce y agradable, vive para mí sin darse. ¡ama como nadie! ella no presume de nada, honestamente se pierde sin pausa ni prisa.

Ella no atormenta, no teme a nadie, vive sin miedo en su isla. ¡Besa y abraza cálida! ella no busca, no sufre, vive para sus adentros, y ama sin condiciones a los mortales. Ella es el amor, y en él se evade… sin lloros, sin lagrimales. ¡Viva su amor, su amor de madre!

LVII

Rosa sin espinas, cálida y diferente, mi pequeña mariposa celeste... la belleza púrpura y gloriosa de tu corazón hace de nuestros corazones el quererte.

Ven, llévanos en tu pecho y regálanos tus caricias, eres puro amor vestido de violeta y celeste, encandilando corazones y haciendo de nosotros tus sirvientes serviciales y obedientes.

Rosa de rojo púrpura y grana, satisfecha y sonriente, eres nuestro azul del cielo nuestra alma y nuestra fortaleza existente.

Ayer, tras conocerte... meses pasaron ya, recuerdos de tus sonrisas me traen la mente, dichoso yo de conocerte y tú lo fuiste de poseerme.

LVIII

En el aire, diluida su fragancia
que me enerva, excita y estimula
haciéndome su esclavo por astucia
dominándome muy sensual y chula.

Ella, Enerea, por avaricia,
fiel estímulo de dioses, adula
y por los campos elíseos anuncia
su magnífico poder e ínfula.

No me importaba, la amaba y sabía
que nunca sería del todo mía,
era un poco de todos, su fábula.

Una leyenda no escrita y crápula
de la que fuera ¡Diosa de la audacia!
bella Enerea, sensual y crédula.

LIX

Corrí como un loco cobarde alejándome de mi
sueño, caminé a trechos desesperanzado,
distante y cansado, odiándome y a solo unas
milésimas de segundos de mi pasado. Entre
dientas cantaba...

"mi vida, halagüeño, siempre exigiendo
siempre olvidando. Como se mira a un
pedigüeño, abarcando mis mentiras sordo,
a todo lo que me fue regalado ".

Y caí dando gritos desgarrados por el precipicio
gibraltareño... botando contra las rocas y
dándome golpes y arañado, fiel a mi sino, fui
desangrado y erré como siempre, equivocado.

Falacias, disculpas y mentiras del ayer, en
apenas un año, fui sin querer misericordioso y
pusilánime con mí hado, aquella sombra vil que
fuera lóbrego ser triste y torturado.

Sutil y orgulloso hoy me mira y sonríe como
buen aragüeño, y carga sin queja alguna y con
prontitud a sus espaldas mí arriendo pese a que
se carcajea y burla de este silencioso desacuerdo.

LX

Embarcado en esta tristeza que me desvela e intimida, soy tan solo el eco de los pasos de mi propia desesperación, que huyen dando bandazos como un ciego al que han robado su bastón y, temeroso, navego bajo la angustia oprimida de mi sin razón.

Me dejo envolver por el manto frío, desasosegado y cruel y dejo a mis pensamientos abatirme a golpes de zurdazos a mi alma, golpes secos y díscolos que se me asemejan a la furia de algún dios, vengativo, dubitativo y hasta vomitivo, de tan primitivo que llega a ser.

Esta nave es cobijo de un corazón herido y un alma quebrada, es la desangelada obra infame de un pintor de letras, mal dadas, es historia de un fracaso, un sueño convertido en pesadilla... en la incólume leyenda de un maldito despropósito y un exitoso error.

LXI

Falta poco la vida se extingue
no hay enojo, solo soy un ente
buscando deprisa una salida.

A la vista un muro me parte
en dos mitades, los hijos
una madre... tal vez incluso,
una sola tarde.

Recorriendo sin pausa,
una sonrisa, buena forma
de querer matarme... queriendo ser prisa
y tú jamás viniendo a buscarme.

Ven, soledad, soy un ente
y tú eres brisa. sonríele a la muerte
ella sola... llega a alcanzarme.

LXII

Muéstrame ese, tu reducto admirable;
y me excitaré lamiendo su dulzor
introduciré mi lengua envidiable
lubricándote tu exquisito interior.

Gozaré y te haré sentir adorable
y te haré gozar sí, un abrasador
y endemoniado calor, encomiable,
que te hará obscena y a mí, encantador.

Muéstrame sí, con lujo de detalles
esa porción del deseo acusador
y señálame sí, como culpable.

Siente sin pena ni disfraz el dolor
que vive en mi carne, pasión palpable
del que tiembla por y para darte amor.

LXIII

La asirá del talle y lo mirará a los ojos
como la tierna mariposa al morir la tarde,
volando ligera y audaz hacia la rosa de tallos
rojos, y allí quedará, bien dispuesta para que la
fecunde.

Hermosa entre los alelíes e hinojos,
se dejará medrar, poseer y arderá en sus brazos
fiel como la leña seca en los brazos de las llamas
y allí morirá pegada a él al abrazarle.

Extasiados y enamorados los dos amantes,
caminarán riendo y abrazados, allende
hacia el lugar donde vivirán inmersos

los amantes afiebrados...
y llegarán a la cúspide insaciable
de la pasión encendida y loca de enamorados
que del sexo satisfechos, disfrutaron y gozaron.

LXIX

Acaricié su cara dulcemente,
ella, amorosamente y voluble
con su corazón ahíto y latente,
se dejó tocar vivaz y adorable.

La amé al instante, tan dulce y silente,
que al rozar sus labios de boca amable,
probé el dulce néctar de fruta noble,
volviéndome loco de cuerpo y mente.

Sí, ella fue vivaz, capaz y amable,
rosa perfumada, amor potente;
mezcla de rubí o amapola admirable.

Hada viva, de pasión y baluarte
de enormes ojos y labio besable.
Labio de miel, boca dulce adorable.

LXX

La besé desde la profundidad de mi garganta, con la suavidad de mi lengua juguetona y picarona, sintiendo como se entremezclan nuestros fluidos y como se disparan nuestras alocadas hormonas.

La llevé abrazada a mi cuello mientras la desnudaba, ella solo se dejaba hacer, melosa, dulce y excitada. mi cuerpo aplastado contra el suyo sudaba y vibraba, no era solo yo quien se estremecía o tiritaba.

Desnudé, sin hablar, dejando que hablaran por mí los gemidos y dejé que su cuerpo estallara de goces y suspiros al penetrar mi carne decidida en sus secretos más recónditos y escondidos.

Entonces fue que me dejé llevar por el corazón y dejé que este fluyera y se me escapara de entre las manos... la vi yacer un instante cálida y amante, sus pechos al descubierto manchados con mi sangre.

LXXI

No me recuerda, apenas me entiende, su mente se evadió. Se fue alejando lentamente... en cuerpo, espíritu y mente, sin hablar ausentándose y sin memorizar un solo instante de aquella vida vivida juntos, amándonos antaño sin descanso.

La amaba tanto... y tanto fue lo que me amó... que sin saber el motivo, ella se perdió, tal vez fue culpa mía o pudo ser la inmadurez de nuestro amor la que tras años de luchas y esfuerzos, nos perdió a los dos...

La perdí de vista entre nubes de alcohol y polvos "mágicos", los que penetraban como un chispazo en mi cuerpo y en mi sangre ignorando o sin querer saber qué me estaban matando... ella se fue, me olvidó, ¿o tal vez fui yo quien la maté de tanto querer ignorarlo?

LXXII

Te beso y me besas dulcemente,
flor de cielo, tu labio una llama
dándome caricias dócilmente
que tu cuerpo también me reclama.

Mi cuerpo atado al tuyo muy ardiente
se funde como lava y empalma
culpable de salirse al llevarte
al cenit y perderte en la cama.

Besos que me matan ferozmente
al tener que usar tu cuerpo y alma
para ser feliz, vil e indecente.

Guerrera fuiste mujer, yo, Dante,
escribiendo en tu piel y tu palma
la verdad obscena de la muerte.

LXXIII

Me resguardé del destino para que no me hiciera daño, me escondí como hacen solo los cobardes, huyendo a trompicones por barrancos y cañadas... torpemente me fui alejando hacia la nada.

Cayó de nuevo el otoño con sus hojas amarillas y blancas, y me convertí en el ermitaño de sueños incumplidos y aromas amargos, siempre solo, entre las sombras y abrazado a su soledad nefasta.

Lloré y grité... hasta quedar afónico, pidiendo a gritos la muerte, nada conseguí, estaba solo un grueso y fuerte corazón seguía con su sabor amargo latiendo en mí.

Destino cruel fue el que sin pensarlo se alojó a mi vida como se habitúan las sombras a vivir fundidas con el alma, siempre etérea y en el lodo del dolor y el desencanto. ¿Qué cuál es mi problema? ¿qué cuál es mi queja o pena? tal vez si os lo contara... ya no me pertenecería y usted sería entonces... su única dueña.

LXXIV

Tiene los ojos turbios pese a su mirar sereno, Las lágrimas cercenaron su sueño, su libertad y su pena. Vivió, pese a sus pesares, con el corazón latiente y su alma latiendo en la mano, para ella era y lo fue todo...

Su oxígeno, su pan, su agua y su bandera. Lo perdió una cálida noche... una malvada y ruidosa noche de luna llena.
Hoy aún siente sus lloros desgarrados, mientras su corazón se encoje y sueña o lo espera, poco sabe ella, ingenua e inocente, del más allá, tal vez lo sueñe, lo piense o solo lo desee.

Los gritos y alaridos de su alma la cercenan... lo amó hasta la locura y la desesperación y lo idolatró hasta el infinito como lo que era, su único y gran amor...

LXXV

Dulcemente deposita sus labios en mi boca,
saboreo sus labios, su lengua y su desparpajo. la
mezcla de nuestros fluidos nos emociona y
caemos en una tempestad con un rugido.

Caen nuestras ropas a un mismo tiempo
arrancadas con las manos y con los dientes.
somos como fieras salvajes arañándonos,
mordiéndonos, copulando y pervirtiéndonos...

Los jadeos y gemidos son gritos de una herida
de placer, sangre caliente y brava debatiéndose y
muriendo a la vez. la piel se nos surca en cientos
de autopistas llenas de curvas y la sangre espesa,
caliente y caprichosa nos resbala por doquier.

Llegados al cenit, levantamos la mirada, besamos
nuestros labios y con gran emoción y
sentimiento nos despedimos de nuestras almas.
nos pedimos mutuamente el no buscarnos...
hoy, apenas ayer... maldigo la hora en que me
dejé convencer.

LXXVI

Me cansé del dolor de las acciones de la carne y del ingrato sabor de los no besos de nadie. Vacíos insondables de un alma que se agotó, se resquebrajó de sentir... y se fundió de cuanto amó.

Me hastié de sufrirme, de herirme sin sangre. De manejar mi histeria y de morir un instante cada día. De soportar la soledad y ejercer sobre mi esencia una culpabilidad sórdida y fría, aquella que transgredí sin ser mía.

Quiero beber hasta hartarme, hasta sentir que mis entrañas vibran y se hinchan hasta explotar y dejar de existir. Me cansé de dolerme y quejarme, de luchar sin poder... un poder que no comprendo, de una injusta razón para morir.

Quiero contar aquí mi historia, una verdad desapasionada y doliente de un fracaso o tal vez, de un ocaso... !el de mi propia muerte!

LXXVII

Me negué a vivir, a soñar sin sueño,
a vestirme por la mañana sin fe
y hasta dudar de cada gesto o empeño.
Miserable mendigo oliendo a "nadie".

Atrapado, dormido como leño,
me lancé, sin suerte, al arrecife
y soñé que soñaba que era sueño,
y al despertar lo hacía siendo "alguien".

Mentiras de un agrio dueño, inútil, la ciencia,
disculpando lo más necio y culpando a mi propio desencanto.
Sí, atrapado me quedé, absurdo como mi vileza,
obvia tristeza denostada grandeza inútil y gris.

LXXVIII

Me pides la verdad... y la verdad no es más
que un sueño envuelto por una mentira más.
Te hieres y me hieres, tu desconfianza cada día
va a más ¿acaso lo que quieres es poseerme y ser
tú y no yo quien decida por mí y nadie más?

La verdad... como si alguien la dijera, somos
humanos; la mentira nos vestimos por bandera,
y nos desnudamos la piel vistiéndola solo con
quimeras.

Cuando la posesión se convierte en nave
y nuestro corazón en vela... esperamos que el
viento sea quien nos lleve y nos sepa manejar,
soplando bien fuerte hasta llevarnos a la alta
mar.

LXXIX

Me siento sucio y miserable cuando te miro, cuando después de hacer el amor apoyas tu cabeza en mi pecho y me sonríes enamorada, y yo... vil serpiente, lo único que hago es echarme hacia atrás, encenderme un pitillo... relajarme y pensar que tú no existes.

Me amas sin medida y sin saber el Ingrato porvenir que te espera, a mí... un "ente" que para bien o para mal solo soy un insensato, un "sin cerebro", sí, amor... "uno de esos" que tantas veces te advirtió tu madre y que tú, nunca jamás pusiste oído, escuchaste o hiciste ningún caso.

Ni siquiera el pasar de los años, las palizas diarias o los reproches... han conseguido hacerte ver que no soy un hombre sano sino, un demonio, un ser horrible y gris, al que tan solo tu amor salvó de no volver al infierno de donde salí huyendo aterrado hace ya muchos... muchos años.

Sé muy bien que un día acabarás dormida para siempre, muerta a mis manos y aun así, me sonreirás feliz, no creyendo lo que ven tus ojos... tus manos queriendo cerrar la herida salvaje que te infringieron mis manos. Y así te irás de este maldito mundo, sin saber que yo, nunca te he amado.

LXXX

Mira mis sueños, son velados y traviesos,
juegan a adivinar tus íntimos secretos;
no los escondas... serán míos, bulliciosos...
para el goce de nuestros cuerpos bien adeptos.

Corre niña a mis brazos, fuertes y dispuestos,
te acogerán como se acogen a los besos,
con ansia, desespero y los cuerpos adultos
dejándose llevar ardientes y cuantiosos.

Serán mis sueños como el agua hirviente, densos
y a la vez son cálidos, húmedos y ahítos,
como tus brazos al asirme cariñosos.

Ven, no dejes de andar hacia mi mar de alientos,
tuyo y tu mía en la eternidad de los sueños,
siempre abrazados, fieles, dichosos y atentos.

LXXXI

Me senté a contemplar la tarde,
silencioso, taciturno y ofuscado,
nada parecía aliviar mi malestar
por los recuerdos del ayer,
casi olvidados.

Bramó mi pecho de dolor
al recordar,
cuánto y cómo te había amado.
Era muy tarde,
el sol se había ya ocultado.

Miré al ayer,
como se mira un reflejo
y vi como éste se burlaba
de mi rostro convulso y cansado.

Levanté del asiento
mi cuerpo envejecido y exhausto
y lancé un estertor a modo de grito,
¡basta ya de recordar lo que nunca fue escrito!

Calló de pronto mi dolor,
se hizo hueco y dueño mi instinto,
y volví a disfrutar de la ahora noche,
silencioso, taciturno... y vacío.

LXXXII

Mujer, ábreme camino y bésame
soy aquel que regirá tu destino,
hombre fiel, amante y leal cretino,
abrazado a ti y a tu cuerpo sublime.

Soy esclavo de mi propia culpa y no
seré el mismo ser cuando te reclame
pidiendo un beso de tu labio fino
para que no me empalague ni brame.

Mujer, de precioso labio genuino,
poderosa a raudales, aclárame
si soy yo el amado o solo interino

de un deseo caprichoso que inflamé
con amor apasionado, latino,
que con cándida pasión, te reafirme.

LXXXIII

No me oculto ante ti ni ante el mundo soy incapaz de huir de tu mirada, próximo a desaparecer de este mundo te daré mi versión de los hechos sin esperar nada.

Nací en la calle una mañana de sol y desnudo y moriré caminando vestido con harapos y sin rumbo, perdido y confuso, tal vez también, en otro universo o mundo, más cercano al infierno donde, sin pedir perdón, me adscribo.

No, no levantes tus ojos hacia mía y me recrimines mientras difundo la verdad inherente a mi castigo por brillar por decreto y arrobo y por pensar (si es que pienso, que dudo) en lo que me confundo cuando al mirarte a los ojos, caen mis lágrimas y me apropio de mi verbo.

Llorando tristemente por lo que me pierdo y por lo que carezco, mudo, de tanto dolor y cruel desgarro que yo mismo me produzco y concibo para mí mismo por ser el único culpable ante el mundo, mi exilio y abundo en la desidia de aquel que amó fuertemente pero nunca supo retener ni se reprobó.

LXXXIV

Estoy a oscuras, lejos de una caricia,
encerrado entre una maraña de sensaciones,
una debacle de sentimientos y turbado por la
ansiedad de dejar de padecerlos.

Me debato entre dejar que se adueño de mi la
equidistancia de mi intelecto o en romperle el
alma a la insidiosa locura que me obliga, sin
demora, a distanciarme de la cordura.

Me alivio pensando en que falta poco, muy poco
para dejar atrás un pasado nefasto, un sin vivir
lleno de carencias, porque no viví, un sin andar,
porque al no crecer, me estanqué en vida.

Necesito esa mano, esa tibia sensación en ella, de
una caricia... y de unos labios que al besar, no
solo depositen en mi la cordura, sino que
también sepan insuflarme la vida. Pido tan poco
y a mi vez... ofrezco tanto, que sin pensar lo
ofrezco todo y al hacerlo... doy con ello la vida.

LXXXV

Siempre me acaba pasando lo mismo,
Por mucho que esquivo y busco evitar,
La pesada y cruel carga de la injuria
Me anula, me aturde y me acaba por afectar.

Vueltas y vueltas me doy, insistiéndome,
"No debes involucrarte en la vida virtual,
Serénate, mira fijamente al frente y sigue recto,
Sin desviarte ni un ápice del camino real".

Inútil insistencia... siempre acabo por torcerme
Y me desvío torpemente del camino principal.
Lo sé, no escarmiento, me aturden las
emociones y me bloqueo sin más.

¡No pienso! ¿o qué me ocurre si no?
Me envuelvo en lo absurdo, en lo imposible
Y me alejo de la única cosa que de verdad es
real... No hay vida, no la hay más allá de lo
palpable, No es real sino sientes su aliento o no
la puedes tocar.

LXXXVI

No pierdas le fe, sonríe a la vida,
eres hija de las hadas, flor de té.
No huyas sin rumbo, cree en tu mirada,
ella es limpia, dulce y es un calmante

de todos los que, como yo, álgida,
mantenemos la fe oculta y ausente,
no te ausentes de ti, ¡vive la vida!
eres un amor excelso y caliente.

Deja a la fe ciega viva y presente
y no te preocupes si está afligida,
porque ella se ocupará de abrazarte.
Sonríe niña a la vida, tu hada
y yo para ti sueño abrazándote;
también abrazando tu fe dormida.

LXXXVII

¿Por qué cuesta tanto conseguir una caricia, un beso, una sonrisa? Sueños... que fueron hechos de juveniles ilusiones, hoy secas y marchitas, doradas fueron un día por los rayos del sol sobre una desértica tierra mezquina.

¿Por qué no nos responde el amor cuando lo buscamos y le gritamos sin aliento? Hoy lloro por mis silencios, por la soledad que me ha tocado, por la sonrisa de un niño chico, aquella que se diluyó en mi pasado y por esas otras felices y que ya, para mi desgracias, he olvidado.

Hierático el corazón, siempre mendigando amor, siempre deseándolo, tal vez en ese abismo hostil y postrero, hábitat natural del ser humano engañoso y rastrero.

La vida se nos va cuesta abajo, inmensa en su soledad, equidistante en sus silencios, poeta vanagloriado, escribidor de sus pecados. Aquí yace el gran hombre, el pedigüeño apocado... el soñador de amores, el enfermo de amores vanos; muriendo en sus silencios.

LXXXVIII

Me pudiste vida mía, me asestaste la última,
esa puñalada al alma, fue culpa de mi poesía.
Recibí con alegría ese alegre canto al alba,
tuyo mis suspiros alma fuiste, mi alma solitaria.

Llenaste a besos mis labios y calmaste mi esperanza
siendo fuerte tu destreza y arrogante tus halagos.
Versos compuse a tu trenza, para vestirlos de amargos placeres y dulces nardos, siempre unido a tu esperanza

y esa esperanza, tus labios, los mismos que me besaron cuando me decías adios y mis brazos te abarcaron para prender tus agobios, quemarte el labio con passion y fundirnos juntos los dos, siendo uno solo el corazón.

LXXXIX

Quiero emborronar esta cuartilla... de recuerdos, recuerdos con tu cara, de tu boca rosada, de tus besos... o tu cuerpo cálido, cuando al estar sobre ti, te amaba.

Estremecerme de sofoco recordando tu aroma, el roce de tu piel o el sonar de nuestros corazones cuando hacíamos el amor en nuestra cama.

Sí, quiero emborronar esta cuartilla... con tus besos, tu aroma, la sencillez de tus líneas o la enajenación de esos primeros días cuando el sol era joven, o cuando más nos quemaba.

Cuando su vigor... nos poseía, o mejor aún... nos eclipsaba. Quería emborronar esta cuartilla... y lo hice sí, con mis lágrimas...

XC

Mi corazón me grita bombeando sangre,
salpicando mis silencios con el ardor de la carne;
instigándome hambriento a sacar mis garras
y a desgarrar mis ansias arañando la tarde.

Evoco ilusiones que encerré en un frasco de
cristal, transportándolas al ilusorio efecto de mi
cerebro, tal vez para engañarme, no lo sé, si
acaso por mí, fuese sincero... El caso es querer y
fantasear creer que me lo creo.

Isotopos irritantes que me excitan la
imaginación, cayendo en desgracia al mirar mi
reflejo en el cristal y contemplarme.
Rodearme de sus brazos y extasiarme sin más...
esa es la ilusión del corazón y el máximo pecado
de mi carne.

XCI

Admirable su cercanía y su modo de besar,
me tienta con su boca y su alegría,
ella es la pura esencia que llevo a mis letras,
sangre emergente y dulce cargada de poesía.

Me abruma su desparpajo y su gracia innata,
es coqueta, linda, hermosa y divina.
sus sueños son las amapolas y el rubor de la rosa, los míos... poseer su cuerpo, su alma y su boca golosa.

Me pide que me acerque y yo me alejo...
no para huir sino para disfrutarla más, es tan hermosa. me recorre con sus manos y me acaricia con sus ansias, es insaciable, sencilla y a la vez maravillosa.

XCII

Yacemos los dos desnudos en el lecho,
los dos cuerpos sudorosos
enrojecidos y enardecidos de pasión
como el rubor de una virgen ante su dios.

Divino el escuchar tu respiración cálida
pegada a mí pecho, los dos convexos.
dulcemente tu mejilla contra mi piel.
Hermoso despertar junto a tu cuerpo,
los dos abrazados y fundidos
esperando la llegada del amanecer.

Se nos fue la noche entre gemidos,
buscando un universo en nuestras bocas
suspiros enaltecidos fluyeron por doquier,
y cayeron en el torbellino del volcán tumultuoso
del ayer.

Ven, no dudes más, eres mi mariposa,
mi hada violeta y hermosa, divina providencia
nacida Rosa y germinada en crisálida. Amores
casuales dirigidos por la mano de la madre
naturaleza obligados a encontrarse, a abrazarse
y amarse locamente con alma y corazón.

XCIII

Respondía a mi dolor una triste sonrisa,
ilumina su color, una dulce premisa,
ella, mi dulce, mi amor, se me apropia insumisa,
del alma como una flor que late loca y lisa,

como tormenta mayor enseñando su risa
con un inmenso pavor contra su nívea brisa.
Ven, mi dulce y bella flor, hazme soñar deprisa.
que soy yo tu loco amor y que tú eres mi musa.

Ven a mí, no es un error, te amo, mi profetisa,
a tu lado en el albor, y abrazado a tu rubor... seré
yo quien requisa el ancho de tu risa y el dulzor
de tu sabor.

XCIV

Suave, así, deja que mis manos
se hagan dueña de tu cuerpo
y te acaricien la piel...
cálida y a la vez fuerte
zigzagueando por cada poro,
por cada átomo de tu ser.

Siente... recibe mis besos,
labios calientes y humedecidos
penetrando hondamente
en cada línea dibujada de tu cuerpo.

Gime... deja que te lleve
donde el dolor pierde su nombre
y se transforma en gritos de placer extremos...

Ábrete... depositaré en tu entraña
la simiente del amor pero también la semilla
de la angustia y el desenfreno.

Suavemente... somos uno,
dos cuerpos y una sola alma,
enamorados como un solo ser...
del amor y de la esperanza.

XCV

Dos cuerpos que se aman y viven en pleno éxtasis y júbilo, dos seres que navegan como amantes sobre sus cuerpos, que se abrazan con deseo y lujuria, se acarician, se lamen, besan y estimulan ambos a la par dejándose llevar.

Disfrutan juntos y olvidados de las desgracias del mundo se queman y arden en llamaradas de deseo y libertad, vibrantes y emergentes sus cuerpos yacen el uno sobre el otro en revoltijo e inmersos en goces, placeres y lujurias por amar.

Son ellos, los amantes, los prófugos huyendo de sus destinos, inmersos en el pecado de la carne, tránsfugas del placer y la unión carnal.
Dos destinos que se unieron locos y salvajes por gozar, que se fusionaron en orgasmos y que gozaron de sus cuerpos en libertad.

XCVI

Ya a mi vida le quise ofrecer duetos
componiendo una fresca diversidad.
Sonetos, trovas, versos y cuartetos;
o lindezas que rimaran con verdad.

Escritos de mi mente son bocetos,
regalos doy a un corazón con bondad,
los que me besan cálidos e inquietos,
besos cautivos de ansiada libertad.

Entre versos, rimas y casualidad
mi vida llené de ansiedades varias
altivo fue mi orgullo o mi brevedad.

Recogeré entonces las siembras diarias,
enjugaré mi orgullosa actualidad
o me iré orando frases lapidarias.

XCVII

La sonrisa vuelve a mí
sonríe y acaricia
la piel cálida que fui
cuando de amor me ungía.

En sueños amanecí
sus besos me ofrecía
y la piel nos gemía
como volcán la embebí.

El placer fue alegría,
besos quedos recibí,
pasión, goces, tejías
y en tus entrañas comí.

Mi carne era larva en ti
nerviosa se movía,
a golpe en ti accedía
y así fue, te poseí.

XCVIII

No dejo de pensar
en lo que dice mi instinto,
y en esa oscura razón del intelecto
por querer saberme expresar.

Soy fuego y a la vez agua
y no hay fuego que apagar
ni río en el que aprender a nadar.

Es mejor quedarme sin lengua,
sin sangre en las venas
o sin destino canta mañanas
que me hiera con su traba-lengua.

Seré yo ¡siempre justo!
caminando en pos de la hiedra
o bajo el puente del acueducto,
intentando ser Dios creando cátedra.

Y me miraré al fin en las dudas del "otro"
y seré el imparcial destino de los justos,
acatando como mortal el dictamen oscuro,
del que fuese desde siglos un inmoral
picapleitos.

XCIX

Según y pasan los días, vida mía, tu sonrisa dulce y tierna veo en la lejanía, me estás diciendo, sin hablar pero con ganas, lo mucho que me echas en falta y como me extrañarías... si un día no muy lejano yo te faltara.

Sabiendo muy bien que yo... sueño impaciente y cada noche con despertar y tenerte, labio con labio y entre mis brazos... bien juntos y fundidos nuestros cuerpos inhalándonos con delirio nuestros alientos.

En la misma cama y usando la misma almohada agitaremos nuestros cuerpos con pasión desmedida, sudorosos, excitados y cansados llegaremos a la par... a un éxtasis mutuo de amor e intensidad.

Pasarán los días, los meses se nos irán y tú, mi amor... también te irás, te alejarás como un mal sueño, lejos en la inmensidad, quizás no desaparezcas del todo de mis sueños,
tal vez tampoco desaparezcas de mi vida en la vida real... pero sé que a mis brazos insomnes ni a mi boca... tus besos llegarán.

C

Te miro desde la distancia y me sonrojo,
habito entre olores y sin sabores
buscando un camino corto que me lleve a ti,
pero no lo hayo... sigues lejos, donde la luz se
oscureció y dio paso a las insidiosas sombras de
la razón.

Te miro, desde la profundidad de mi
pensamiento, te miro... te miro... sí, te miro
tanto, que el reflejo que me devuelves es frío y
necio... por ser quien eres para mí, una diosa, y
el mundo en que te mueves es álgido y caliente
mientras yo tan solo soy pura escarcha y nieve.

Tiembla mi corazón de desencanto... huidizo,
casi yerto, piensa en buscarte entre los saltos de
la sangre en las venas, tal vez para encontrarte...
o solo para perderme y diluirme en ella.

CI

Quiero pedirte disculpas porque no acerté... mi puntería falló; se empotró directamente en la pared, arduamente con fórceps apreté pero ¡no pudo ser!

Entendí entonces que al amor, no se le obliga ni se amansa ni se le finge; hay que dejarlo libre para ejercer, que se expanda, hiera o ame sin ataduras.

Lo sé, me engañé... quise forzar a mi corazón, engañarlo mirando para el otro lado ¡qué equivocado estaba! al amor no se le mima solo con cariño ni con caricias dulces o tiernas no deseadas ni con las excusas que me di al pensar; la amaré, esperaré a sentir, mientras tanto...

Lo siento, sé que te va a doler... yo mismo siento el aguijón de ese dolor; cuando pienso cómo te herirán mis palabras cuando las leas y sientas en tus entrañas cómo el corazón se te ha desgarrado.

Te pido perdón si te ofendí, fui de noble y de sincero pero, al leer yo mismo estas letras... siento cómo se me deshilacha el alma y muero aún más por dentro al no poder decirte lo mucho que... ¡te quiero!

CII

Te quise sin pensar en el mañana,
tal y como eras, sin cambiar ni una coma,
ni una pestaña te sobraba
ni tampoco te faltaba nada.

No conté las horas, los días,
ni los meses, y los años...
estos se marcharon sin esperar,
dejándome un vacío y un desastroso despertar.

Te viví y disfruté
mientras me aguantaste...
hoy aquí, sólo y abrazado a mis recuerdos,
te pienso, te recuerdo y valoro con el alma,
todo el amor, ternura y cariño
que a mí me dieras.

Fuiste la soledad encubierta,
la odisea de un amor
con fecha de caducidad
y hasta con código de conformidad.

CIII

Todo pasó un nueve de enero... ella cree que no lo recuerdo y... no es cierto. puede que no fuese como yo lo hubiera deseado, y tal vez fue para mí menos apasionado de como ella lo apercibió.

Sin embargo, no soy un ente sin sentimientos, también yo lo gocé y también marcó mi corazón. ella hoy vive un dilema propio, se relame la herida, no la que le hiciera yo (que no hubo tal) pero sí la que le infligió su propio corazón.

Desde el recóndito lugar de la memoria donde guardo difuso y oscuro pensamiento, de haber sido, por un día, su amor... le pido que no dude, aquel día... ella también logró atravesar sin esfuerzo, mi bastión.

CIV

No llores amor, no derrames lágrimas, no dejes que el dolor te ahogue ni que apriete o asfixie a tu corazón, solo tú, linda flor, tienes el poder de cambiar toda la desesperación y el dolor... por amor.
¿Me sientes cercano a tu corazón? respiro y aliento contra tu pecho y agito en tu mente cada uno de mis pensamientos... Soy tu cuando me inhalas... y eres yo cuando me exhalas. ¿no sientes ese leve rumor que te inflama, esa susurrante melodía que a tu oído reclama un beso?

Mi pecho pegado a tus senos se hace eco, se agitan como truenos que recorren millas tras las hojas del otoñoo tras los murmullos de ese invierno obsoleto. me maravillas cuando suspiras con mi beso o me respondes con una dulce caricia sobre mi vello ya hirsuto, blanco y viejo.

Aun así mi niña, mi dulce y adorada niña, somos la contra del viento seco, o la humedad de un amoroso beso, cuando al rendirnos los dos nos despedimos frente al espejo.

CV

Tu cuerpo caliente se envuelve en mi piel
y noto tu estremecimiento y cómo tiemblas
encendida. Mi boca se entreabre y hambrienta te
apresa los labios haciéndose dueña de tu lengua
y cálida fuente entrañable.

Estamos huidos y olvidados, entregados a la
pasión, solos tú y yo, fundidos a una sola
melodía, y a una sola orquesta, cómplices con el
universo y formando, con nuestra entrega, parte
imprecisa del cosmos y de su amalgama de
colores y de sus estrellas inviolables.

Mi cuerpo, ruge extasiado, con hambre, hasta
apoderarse del tuyo, sintiendo a tus entrañas
calientes y a tu piel amoldarse a mi piel. Ya
tiemblan mis labios enamorados, entregados al
goce de tu boca y extasiados tragando tu saliva y
bebiendo de tus gemidos descontrolados.

CVI

Me faltó tiempo para amarte, corrí como corre el loco buscando una abertura donde escapar a lomos de la libertad. Y te encontré dispuesta... tu cuerpo rodeé con mis brazos y dejé que mi boca se hiciera dueña absoluta de tus labios.

Melosa, frunciste las cejas, entreabriste tus labios y dejaste que mi universe penetrara en tu cuerpo como penetra la luz en la iris del poeta.

Nuestros cuerpos formaron una galaxia y nacieron de ella multitud de estrellas, todas ellas son hoy una, nuestra sangre y nuestra descendencia.

Hemos envejecido sí, aunque nos pese, somos más viejos, torpes y hasta tropezamos al besarnos y amarnos sin embargo, nuestro amor... seguirá por siempre y será eterno.

CVII

Con la sonrisa helada y el corazón roto,
vive el final de un sueño... no suyo, el mío;
quebrado el pecho desmadejado, vacío,
de tristeza y rabia, maltrecho y manirroto.

Las lágrimas caen libres, frías, sin coto,
desarmadas, sin freno, atadura o juicio;
tal vez también sin esperanza o alboroto,
como el mar al rozar la arena, sin bullicio.

Tiene la sonrisa gélida y sin acoto,
me mira y se ríe, llorosa de desprecio,
lanzándome el arma mortal, su terremoto,

La explosión tumultuosa de su desahucio
hacia todo lo que no fuera nuestro e ignoto
desinhibido, frío y loco raciocinio.

CVIII

Vivo a mí pesar en mi pensamiento,
cayendo libremente y sin protección
sobre un montón de arena en el desierto,
secándoseme la boca y corazón.

Seco el llanto cuando al llorar azoto
contra la arena de mi desolación
las culpas obvias de mi desencanto
siendo yo culpable de mi abjuración.

Me pesa sí, el llorar sin lágrimas,
el esconder a ciegas mi condición
obviando a la humanidad y sus almas.

Almas que se diluyen por exclusión
al ser eternas e indisolubles mas
nunca será imposible su absolución.

CIX

Si estuviera contigo amor... cerquita muy cerquita, ¡hasta quemarnos el aliento! mis manos en tus manos, mi cuerpo pegado a tu cuerpo. Y tus labios... húmedos y calientes provocando calentura en mi boca...

Recrearía cada instante guardado en mi memoria, como si sintiera de nuevo... el beso tuyo en aquella noche loca. te seguiría amando y gozando, al tiempo que, sentiría a nuestros cuerpos, batallando y disfrutando.

Y haré por atesorar esas horas, como atesora el avaro, las monedas de oro que roba... tan dentro de mis entrañas... y tan hondo te guardaría que, por más que quisiera olvidarte... prendida y en mi pecho, ¡te quedarías para siempre!

En este corazón deshecho... vivo casi sin querer, la angustia de las horas... navegando por un río sin cauce y guarnecido por las lágrimas calientes e insondables... de la aurora.

CX

Voy buscando con delirio, tu pecho,
al que, mimoso, me quiero arrimar,
para sentir tu calor y poderte abrazar
y tú, niña de mis ojos,
nunca un capricho para mi serás.

De mi alma blanca ni del azar
podrás jamás la lista engrosar
de quereres baldíos y sin sentidos;
seré yo tuyo y tu mía y de nadie más.

Seremos nosotros dos o ninguno
¿qué más podremos tú y yo desear?
somos dos, carne, piel o huesos
y también somos agua o aire...
y en la tierra, solo amor y sangre triunfará.

Por el camino andaré siempre tras tus pasos
y por muy absurdo o profundo a otros ojos,
un "te quiero" de mis labios o bien un...
te amaré hasta mi final...
¡Siempre te he de regalar!.

CXI

Me fusilaron las alas y caí en redondo a los más profundo y cenagoso del suelo. Dura fue la caída horrible el resultado, caí tan profundo y tan negra la garra estúpida. Que mi cuerpo desapareció entre burbujas de ácido y residuos tóxicos y mi carne se convirtió en oxígeno puro.

Doloso corazón fue puesto en venta y humillado y de rodillas se quedó, hoy vive del orgullo mal sonado, esclavo de una falsa y mentirosa sensación de dolor.

Ahora no soy nada... aire gaseoso y doliente difuminado entre orquídeas blancas, llorando lágrimas sucias y negras y abrazado al ardor de unas espinas de rosas negras.

CXII

Se me retrae el alma
viendo como sonríes,
me acaricias con calma
y me besas y ríes,

cuando rozo tu palma.
Por ver, flor de alhelíes,
al destaparte el alma
y en el reverso alíes,

sin forma, tu almohada,
y me des alhelíes
dando aroma a la calma
y al alba vas y acopies

las sonrisas y fama
mientras me amas y ríes
y tu beso me aclama
y siento que me ansíes

dolorosa anagrama,
al gozar, alhelíes,
conmigo y en mi cama.

CXIII

Me gusta pensar, pensar que te tengo,
que te abrazo y que te observo.
Los dos desnudos, los dos cuerpos ansiosos
por poseer de ambos nuestros sentidos...

Los dos a solas, amándonos encendidos.
Recrear en nuestros cuerpos, la incertidumbre
de habernos querido. Amarnos muy por encima
de las horas, los días, meses... y hasta los siglos.

Me gusta tanto gozar contigo, perderme horas
tras horas por los lugares de tu cuerpo más
secretos y escondidos... me gusta sentir cuanto
de amor conocimos, a solas, acompañados...
¡perdidos!

Me gusta tanto soñar...sobre todo me satisface
creer en cuanto he poseído, cuando tú tan solo
eras mi sueño y yo para ti solo un desconocido.

CXIV

Me siento como novela por entregas, incompleto, pueril, vacío de contenido y hasta disiento enteramente de a qué vine a la vida y por qué, si no quiero, debo de seguir viviendo así.

Mi vida es un asco, no por mi entorno, que es bello y perfecto, es por mí... por este extraño modo mío de vivir, ¿de veras es vida? me pregunto, sin saber qué voy a contestar.

Soy solo carne palpitante, piel y huesos y hasta nervios y músculo que son los que me hacen u obligan a caminar... sin saber hacia dónde o para qué lugar me han de llevar.

Mente pensante y absurda que me "muele" a golpes y hace mil veces zozobrar... Sí, hay veces que soy como nave a la deriva, en otras, solo un niño huérfano e infeliz que busca inútilmente unos brazos fuertes que le sirvan de apoyo o, en su defecto, un amor "casi" perfecto y que sepa hacerle llegar sano y a salvo a buen puerto.

¿Qué soy un infeliz, débil de mente y cuerpo y un negado de la vida? ¿Que no valgo para nada y que ni siquiera merezco el oxígeno que necesitan mis pulmones para respirar?
No decís nada que yo no sepa ni me haya dicho millones de veces ya... ¿y qué?
¿Arreglará el saberlo lo que mañana pasará...?

CXV

Sentado en esta silla, muy a mi pesar,
pienso y veo, las razones misteriosas
que tiene el corazón para obligarnos
a mentirno según nacemos y crecemos,
mirando temblorosos hacia un horizonte
vertical.

Reproches sin o con sentido ¿qué más nos da?
somos como ejes desengrasados que chirrían
según van andando, subiendo o bajando sin
más... quizás anhelemos nacer de nuevo y no
crecer jamás.

Notas que discords nos gritan
o se entretienen en sonar, o tal vez son tan solo
trémulos sonidos de las voces al rezar... No lo
sé... desde mi silla zigzagueo, aúllo silencioso o
lloro y me pierdo entre vahos de miseria y
soledad.

CXVI

Bella y deliciosa camina hacia mí,
me sonríe lasciva y coqueta camina de frente
con paso ondulante y sensual.

Se humedece los labios, entorna sus ojos,
suaviza sus pasos y se lanza de un salto
a mis brazos.

La recibo en ellos dichoso y hambriento,
mi lengua se abre paso vivaz y viva
y se apodera de su lengua.

Ella se recrea en mi beso, deja su saliva fluir
dichosa de estar viva en mi boca
y en mis entrañas sentirla latir.

Dejamos a nuestros deseos a nuestras ansias,
debatirse en dichosa locura, sexo contra sexo...
goces y goces disfrutando desesperados
y hambrientos su cenit.

CXVII

Pasa el tiempo y el suplicio de vivir
va pesando en mí como una cruel losa,
mi corazón se queja y cruje como piedra
de un camino desigual y sin asfaltar.

Llora la pena y su desgracia de no saber
hacia qué lugar del pecho se ha de quedar.
Amargamente... golpea las paredes de mis
entrañas con su cantico, repetido e incesante
bom, bom, sin saber si la muerte será su incierto
final.

Miré de un jardín, sus rosas,
pletóricas estaban de luz y de belleza
y al alzar mis ojos sangrantes ante el espejo...
me encontré en las sombras, sólo y desolado
ante un gran muro de rocas... bosque
de emociones y sentimientos desahuciados.

CXVIII

Rechacé al miedo por generosidad,
tantas veces lo rechacé a tiempo
que hasta empecé a notar que se agolpó
al miedo y se unió a la desesperanza y a la
soledad.

Injusticias que cabalgan sobre mi cuerpo,
que se justifican clavándome sus garras de
maldad, sin prejuicios, con denodado ahínco
que, aupó, con sangrienta inquina, pasión y
agilidad

A la horrible zarpa lisonjera que palpó
sin remordimientos, mi fe, mi ilusión y
afectividad e hizo de mí una marioneta,
daguerrotipo de una imagen banal y odiosa de
una falsa amabilidad.

Te esperaré, mis labios tremolarán como un
cepo, buscando tu boca, labios rojos que besar
con ansiedad, sin embargo se mantendrán
secos… rotos por la asiduidad de mantenerse
por años, inmersos en un gran pasatiempo.

CXIX

De negro vestí de luto al corazón
y enarbolé la bandera del rencor,
pidiéndole a mi destino una razón
para guardar con mucha calma el dolor

y olvidar la rabia en el caparazón,
necio lugar donde se ocultó mi amor,
moribundo y solo cómo un abejón
buscando a su abeja sin mucha ilusión.

Negro lamento, triste el desencanto
cuando al pensar yo pienso en el colofón
de lo que me está matando el acento,

solo, triste, vacío y tal vez, llorón,
sí, esa es mi voz bronca al oír mi llanto
y expulsar dolor y desesperación.

CXX

Se estremece ante mi abrazo,
tierna y dulce se deja envolver
por mi locura, tan amada es por mí...
que mi adoración para ella es una aventura.

La acurruco entre mis brazos
y mis labios se hacen dueños
una vez más... de su boca desatada y llena de lujuria.

Se distrae gozosa mordiéndome la boca,
arañándome cada átomo de mi piel,
mientras yo me agito en sus entrañas
y hago pura magia convirtiéndola en mujer.

Las ansias se apoderan, se adueñan,
sin dejar descanso a nuestros gemidos,
a corretear por nuestros cuerpos
y a morirnos en cada orgasmo disfrutado.

CXXI

Déjame pensar... mi vida está al borde del abismo y debo desandar lo andado, tal vez mañana vuelva a mí la razón y pueda, al fin, mostrar la identidad que ahora oculto tras este escudo.

No puedo evitar el llorar... pero no por mí, estoy exento del raciocinio y lloro por la humanidad... por las gentes que patean las calles, las que gritan pidiendo libertad o que arremeten contra los políticos corruptos que violan sistemáticamente una tras otra nuestra dignidad.

Enarbolaron la bandera de lo oscuro, que fuera causa y luego efecto de lo que se fraguó en la civilización. Lo sé, fueron la perdición de nuestros sueños, la indeleble pérdida del latir de nuestros corazones; la sangre oscura y envenenada que nos envenenó la razón y la mala influencia tiránica que causó nuestra perdición.

CXXII

Me sonríe y la ternura con que lo hace me deja indefenso, me conmueve su gesto, risueño y tierno, su cariño, sus caricias, las que siento en el cuerpo y en el alma... sin rozarme siquiera y que son de eterna dulzura y suavidad.

Sé no obstante, que no me reconoce, se fue, ligera y sin equipaje, y ni sé si alguna vez, algún día, sin embargo, vuelva a recogerlo... tampoco sé si volverá de ese extraño viaje del que marchó sin avisar y regrese de entre las sombras a reconocerme de nuevo o, a despertar.

No sabría explicar por qué o cómo se fue... solo intuí que ya no estaba, que su mirada era opaca, irreconocible, pese a sus hermosos ojos azules. La miraba, con dolor... la miraba todo el tiempo y, pese a su sonrisa eterna, Yo sabía que no era a mí a quien veía... ¿o sí y no lo supe descifrar?

A mí me quedaron los pesares, el remordimiento, esa locura incierta del que sabe ciertamente que, si bien no sabía... no lo exculpaba de haberlo hecho mal... Al menos esa es la pena que yo tengo, la humedad sistemática de mis ojos, esas lágrimas que se me escapan continuamente y que me delatan
y este día a día que es mi propio infierno desde aquel día que la viera, en silencio, marchar.

CXXIII

Bajo la lluvia caminamos enlazados,
nuestras manos están unidas y apretadas,
nos miramos los ojos, dos enamorados
en la incipiente creación de nuestras dos almas.

Nuestros corazones laten descompasados
esperando así a un ángel que les dé abultadas
y reprobables bofetadas, afeados,
olvidadas sus conductas abandonadas.

Por esa razón, sí, bajo la lluvia, idos,
errantes caminamos, las manos unidas,
tal vez llorando tristes y desconsolados.

Enlazados y ensalzados, atormentadas,
como bellas melodías de enamorados,
siempre entonando y cantando hermosas
baladas.

CXXIV

Dicen del verso libre que es osado,
queriendo igualar su rima al soneto
y deshacer mil entuertos en veto,
a los que viven el verso prosado.

Y yo me resisto a hacer alboroto,
mejor hago verso libre abreviado
pues pongo mi alma, pasión y antídoto
a los que, por desprecio, lo han obviado.

El verso libre es puro sentimiento,
emociones que fluctúan acallando
las rimas del dolor y del pasado.

Esa es la razón para que haga acoto
y acalle a quien ofende acalorado,
con selecta rima y un pareado.

CXXV

No quiero hablar, mis sentidos me ahogan,
soy ahora un eslogan de refresco,
un simple anuncio de champú bajarán
para quitarme el sueño del grotesco

mundo banal y obviarme del qué dirán,
para enfrentarme a mí mismo en un cerco,
amor enloquecido que enfrentarán
a dios y me harán ser un leño seco,

a punto de arder, pensando en lo que harán
los que me amaron como quijotesco
quijote, sin Sancho o Julieta, lloran

por cuantos quisimos, sean Montesco
o fueran romeos, y nos odiarán,
por morir en un sueño frenético.

CXXVI

Me disuelvo lentamente por su cuerpo sensual,
me diluyo entre sus senos sintiendo su calor
como si estuviera dentro de un volcán.

Me sostiene y pervierte y juega golosa y ardiente
con mi carne entre sus manos, organizando con
mis sentidos un concierto multifuncional.

La arrebato y me arrebata... nos sembramos el
uno al otro las semientes orgásmicas, los genes
guerrilleros de lo oculto y de lo bello,
ensamblados y orquestados
en una batalla campal.

Suenan rítmicamente nuestros gemidos,
suspirando y gimiendo buscándonos los placeres
ocultos y con el ansia loca de hacerlos visibles y
oírlos gritar.

Hoy ella fue mujer... y yo el hombre que la hizo
gozar, mañana quién sabe si de la simiente, será
ella mujer o yo tan solo un hombre loco y
embustero retozando lujurioso en su maizal.

Biografía del autor

Frank Spoiler es un escritor de poesía nacido en Badajoz en el año 1961. De padre albañil y de madre dedicada a sus labores. Comenzó a escribir a la temprana edad de quince años. Actualmente tiene publicados catorce libros, a saber: "Sucede a diario" (2012) "Puntas de lanza al corazón", (2012) "El Celador de tus Poemas",(2012) "Poesías desde las entrañas," (2013) "Soy un asesino... sin serie," (2013), (éste también traducido al Inglés, "I'm (not) a serial killer"), "Alas rotas," (2014) "Poemas: sobre el amor, el dolor y otras pasiones," (2014) "Irrealidades a doble espacio", (2015) "Buscando la luz. Poemas al alba, con alma" (2015) y "La marca de un iluso de la pluma", (2015) "Búscame en el otoño y sabrás lo que te amé... " (2015). "Me recordarás cuando muera", (2015), "Les di la libertad: y volaron solas", (2015) Y una antología de cuentos, "Cuentos con sabor a chocolate," (2014), (para todos los públicos), en colaboración con diecinueve magníficos escritores. Publicados tanto en digital, como en versión impresa.

También ha colaborado en diversas antologías tanto de relatos como de poesía. A saber:
Diversidad literaria-
"Inspiraciones nocturnas".
I concurso de microrrelatos nocturnos
I Concurso de microrrelatos de terror "Microterrores"
Versos desde el corazón I
I Concurso de microrrelatos épicos "Breves heroicidades"
y
I Concurso de microrrelatos solidarios diversidad literaria "Asociación Isekin"
En ArtGerust
III Concurso de Terror ArtGerust
Con los micros: "Almas inocentes", "una muñeca rota" y "me nace de dentro"
Poemas. Homenaje a Pablo Neruda
agosto 25, 2014
y con
Libros Mablaz
Ganador de la III antología de relatos de libros Mablaz (2015) con su relato titulado: "Regreso a City Good"
"III antología poética de libros Mablaz", "POEMAS DE AMOR"
II Premio de Relatos, titulado "Gritos contra la violencia de género".
Y también en
Fans de Bad One con el relato:
"Los hijos de Allan Poe".
Y en el segundo concurso de relatos en papel: antología de relatos (2015)
La lectura de Ramón: Mañana a la misma hora

Printed in Germany
by Amazon Distribution
GmbH, Leipzig